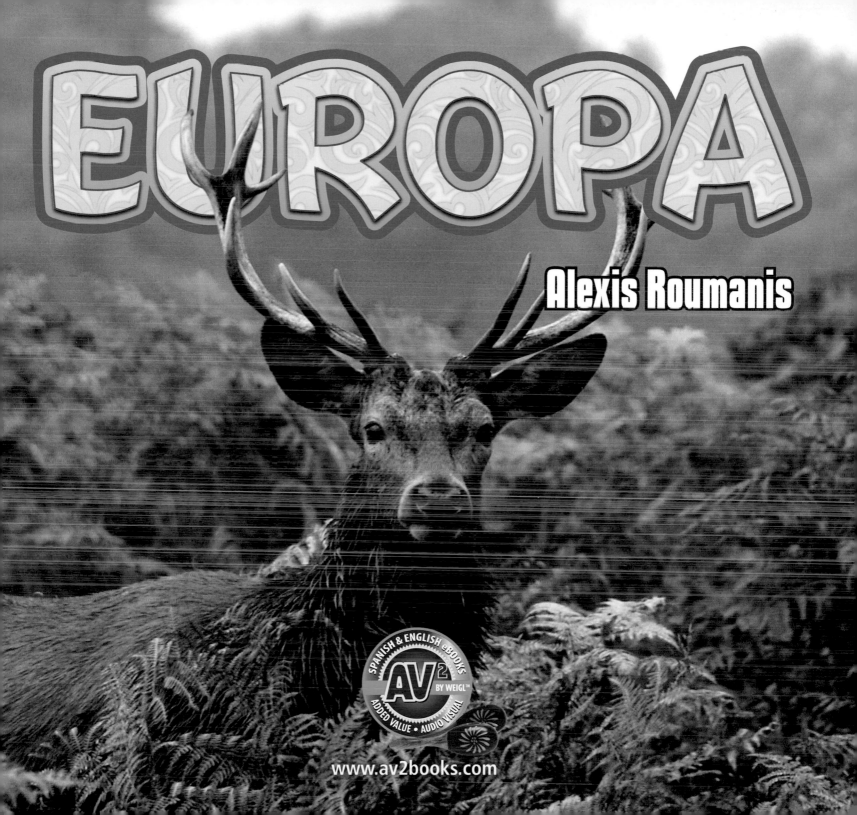

EUROPA

Alexis Roumanis

www.av2books.com

El enriquecido libro electrónico AV² te ofrece una experiencia bilingüe completa entre el inglés y el español para aprender el vocabulario de los dos idiomas.

This AV² media enhanced book gives you a fully bilingual experience between English and Spanish to learn the vocabulary of both languages.

Spanish   **English**

Navegación bilingüe AV²
AV² Bilingual Navigation

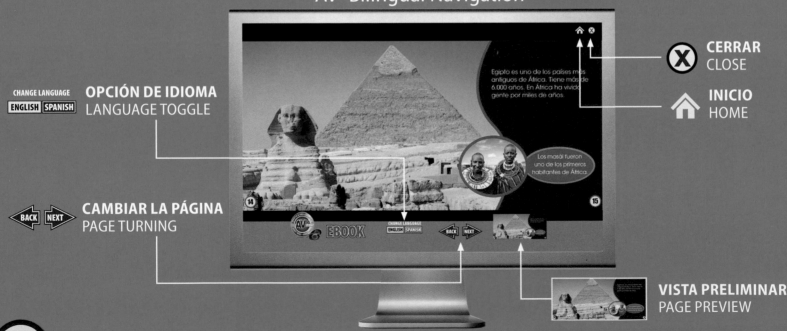

CHANGE LANGUAGE
ENGLISH SPANISH
OPCIÓN DE IDIOMA
LANGUAGE TOGGLE

BACK NEXT
CAMBIAR LA PÁGINA
PAGE TURNING

CERRAR
CLOSE

INICIO
HOME

VISTA PRELIMINAR
PAGE PREVIEW

EUROPA

ÍNDICE

Bienvenidos a Europa.
Es el segundo continente más pequeño.

6

Esta es la forma de Europa. Asia está al este de Europa. África está al sur.

¿Dónde está Europa?

Océano Ártico

Océano Ártico

América del Norte

EUROPA

Asia

Océano Pacífico

Océano Atlántico

África

Océano Pacífico

Océano Índico

América del Sur

Australia

N

O   E

S

Antártida

Hay dos océanos que bañan la costa de Europa.

Europa está formada por muchos tipos de terrenos diferentes. En Europa hay desiertos, glaciares, montañas, llanuras y selvas tropicales.

Las Tierras Altas de Islandia son el desierto más grande de Europa.

El lago de Ládoga es el más grande de Europa.

Gran Bretaña es la isla más grande de Europa.

El monte Elbrús es la montaña
más alta de Europa.

El río Volga es el más
largo de Europa.

En Europa viven animales únicos en el mundo. Hay muchos tipos diferentes de animales que viven allí.

El zorro rojo usa su cola como una bufanda para calentarse la cara.

Quedan solo 300 linces ibéricos en el mundo.

En Europa hay muchos tipos diferentes de plantas.

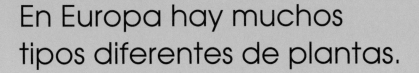

España cultiva más olivos que cualquier otro país del mundo.

Los perales son originarios de Europa.

En Inglaterra hay un tejo que es el árbol viviente más viejo de Europa. Tiene más de 4.000 años.

En Sicilia hay un castaño que es el árbol más ancho del mundo.

Las bayas de enebro a veces se usan para saborizar la comida.

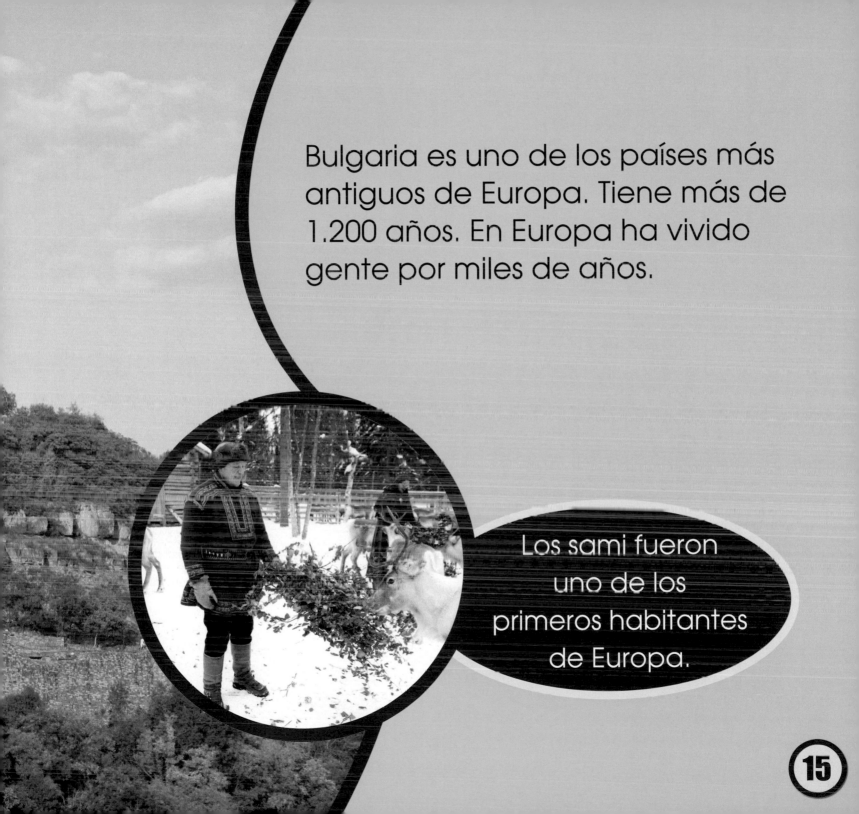

Bulgaria es uno de los países más antiguos de Europa. Tiene más de 1.200 años. En Europa ha vivido gente por miles de años.

Los sami fueron uno de los primeros habitantes de Europa.

En Europa viven muchos tipos de personas. Cada grupo de personas es especial a su modo.

Algunas mujeres rusas usan un sombrero llamado kokoshnik.

Los zuecos de madera ayudan a los granjeros holandeses a caminar en el barro.

Los hombres de Escocia a veces usan faldas llamadas kilts.

Las bailarinas de flamenco españolas usan trajes lujosos.

17

En Europa viven más de 742 millones de personas. Rusia es el país más grande de Europa.

Moscú, en Rusia, es la ciudad europea con más habitantes.

Hay muchas cosas que solo se pueden encontrar en Europa. Llega gente de todas partes del mundo a visitar este continente.

Miles de personas visitan la Acrópolis de Atenas todos los días.

El Museo del Louvre, en París, tiene más visitantes por año que cualquier otro museo de arte del mundo.

El Coliseo es una palestra antigua de Roma.

Los empinados fiordos de Noruega se pueden ver mejor desde un barco.

El Stonehenge de Inglaterra tiene más de 5.000 años.

Cuestionario sobre Europa

Descubre cuánto has aprendido sobre el continente europeo.

¿Qué te dicen estas imágenes sobre Europa?

23

¡Visita www.av2books.com para disfrutar de tu libro interactivo de inglés y español!
Check out www.av2books.com for your interactive English and Spanish ebook!

1 **Entra en www.av2books.com**
Go to www.av2books.com

2 **Ingresa tu código**
Enter book code

T 7 6 2 5 2 6

3 **¡Alimenta tu imaginación en línea!**
Fuel your imagination online!

www.av2books.com

Published by AV² by Weigl
350 5th Avenue, 59th Floor New York, NY 10118
Website: www.av2books.com

Copyright ©2017 AV² by Weigl
All rights reserved. No part of this publication may be reproduced, stored in a retrieval system, or transmitted in any form or by any means, electronic, mechanical, photocopying, recording, or otherwise, without the prior written permission of the publisher.

Library of Congress Control Number: 2015953885

ISBN 978-1-4896-4284-4 (hardcover)
ISBN 978-1-4896-4285-1 (single-user eBook)
ISBN 978-1-4896-4286-8 (multi-user eBook)

Printed in the United States of America in Brainerd, Minnesota
1 2 3 4 5 6 7 8 9 0 19 18 17 16 15

112015
101515

Project Coordinator: Jared Siemens
Spanish Editor: Translation Cloud LLC
Designer: Mandy Christiansen

Every reasonable effort has been made to trace ownership and to obtain permission to reprint copyright material. The publisher would be pleased to have any errors or omissions brought to its attention so that they may be corrected in subsequent printings.

The publisher acknowledges iStock and Getty Images as the primary image suppliers for this title.